根据《三岁前小儿教养大纲》编写

2岁

幼儿启蒙必读

YOU ER QI MENG BI DU

选编/肖森、石良　绘画/崔晓云等

W9-BES-510

大众文艺出版社

教学重点： 让幼儿初步认识家庭，尽可能用完整的语句向父母提出要求，同时，要让孩子能说出父母的姓名。

奶奶，奶奶，您再讲个大灰狼故事。

教学重点：让幼儿分清爷爷、奶奶、姥姥、姥爷。能够准确地称呼，并能了解爷爷、奶奶是爸爸的父母；姥姥、姥爷是妈妈的父母。

教学重点：让幼儿认识自己的家，准确地说出地址，万一迷失，便可以得到有效的帮助。

3

教学重点： 让孩子知道自己的姓名。是男孩子还是女孩子。可以引导幼儿区分男孩子和女孩子的不同，比如：女孩子梳小辫，穿裙子等。

小 鸡

小鸡，小鸡，叽叽叽，
尖尖嘴巴黄黄衣。

教学重点： 要求幼儿认识小鸡的基本特征：尖嘴，黄绒毛。
训练幼儿发(jī)的声音，背诵这首儿歌。

小 鸭

小鸭，小鸭，嘎嘎嘎，
长着一双大脚丫。

教学重点：要求幼儿认识小鸭的基本特征：扁嘴巴，大脚蹼。可以引导幼儿比较小鸡与小鸭的不同，训练幼儿发(yā)的声音，背诵这首儿歌。

苹 果

大苹果，圆又圆，
红红的皮儿甜又甜。

教学重点：要求幼儿认识苹果的外观。削去皮，让幼儿吃一片果肉，告诉他这味道是甜的。竖着从中间切开苹果，让幼儿认识籽，再将一个苹果横着切开，让幼儿看到五星的形状。要求孩子背下这首儿歌。

桔 子

小小桔子，装满饺子，
吃下馅儿，吐出珠子。

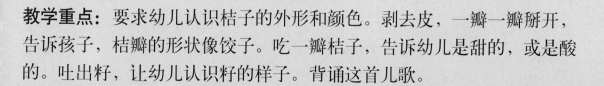

教学重点： 要求幼儿认识桔子的外形和颜色。剥去皮，一瓣一瓣掰开，告诉孩子，桔瓣的形状像饺子。吃一瓣桔子，告诉幼儿是甜的，或是酸的。吐出籽，让幼儿认识籽的样子。背诵这首儿歌。

小白兔

小白兔，白又白，
两只耳朵竖起来。
爱吃萝卜爱吃菜，
蹦蹦跳跳真可爱。

教学重点： 要求幼儿认识小白兔的特征——两只长耳朵竖起来；了解小白兔的生活习性——爱吃萝卜爱吃菜。学会发兔(tù)、竖(shù)、蹦(bèng)、跳(tiào)的音。背诵这首儿歌。

小花狗

小花狗，花衣裳，
叫唤起来汪汪汪。

教学重点：要求幼儿认识小花狗；学会汪(wāng)的发音。背诵这首儿歌。

小花猫

小花猫，喵喵喵，
圆圆的眼睛胡子翘。
别看它，个儿小，
捉到老鼠逃不掉。

教学重点：要求幼儿认识小花猫的特征——圆眼睛、翘胡子。了解猫的习性——捉老鼠，训练幼儿发猫(māo)、喵(miāo)的声音。背诵这首儿歌。

大公鸡

大公鸡，喔喔啼，
天天催我早早起。

教学重点：要求幼儿认识大公鸡的特征——红红的鸡冠，漂亮的大尾巴；了解大公鸡的习性——每天早晨鸣啼。练习发喔(wō)的音。背诵这首儿歌。

青 蛙

小青蛙，呱呱呱。

白肚皮，宽嘴巴。

教学重点： 要求幼儿认识青蛙
的特征——背上是绿的，肚皮
是白的，有一个宽宽的大嘴巴。
练习发哇(wā)，呱(guā)的音。
背诵这首儿歌。

金 鱼

小金鱼，大肚皮。
鼓鼓的眼睛穿红衣。

教学重点：要求幼儿认识金鱼
的特征——鼓眼睛、大肚皮，
大多数是红色的。了解金鱼的
习性——离开水会死去。

14

小山羊

小山羊，小山羊，
白胡子，白衣裳，
咩咩咩咩叫它娘。

教学重点： 要求幼儿认识小山羊的特征——头上有角，嘴下有胡须，训练幼儿发羊(yáng)、咩(miē)的声音。背诵这首儿歌。

大象

大象身体大又圆，
两只耳朵像蒲扇。
四条大腿粗又短，
长长鼻子把草卷。

教学重点：要求幼儿认识大象的特征——长鼻子、大耳朵，四条粗腿像柱子。告诉孩子，非洲的大象都长着又白又长的牙，亚洲的雄象也有牙。大象的鼻子很灵巧，吃饭、喝水、搬运东西都靠它。学会发象(xiàng)的声音。背诵这首儿歌。

汽车

汽车像间房，
有门也有窗；
载人路上跑，
南来又北往。

教学重点： 教孩子认识汽车，有门有窗，像一间小房子，有四个轮子，可以在路上跑来跑去。学会发车(chē)的声音。背诵这首儿歌。

太 阳

太阳，太阳，发热发光，

把大地照亮，让万物生长。

教学重点： 教会孩子认识太阳。太阳白天升起，晚上落下，发热发光，像个红红的大火球，世界上所有的生物都离不开太阳。背诵这首儿歌。

月 亮

月儿明，月儿圆，

月儿像个大银盘。

教学重点：教孩子认知月亮。月亮晚上升起，白天落下，有时像圆盘，有时像小船。给幼儿讲解简单的关于月亮的知识。背诵这首儿歌。

星 星

一颗星，像盏灯，两颗星，像眼睛，
满天星星亮晶晶，数来数去数不清。

教学重点： 教幼儿认知星星。可以____明的晚上，带孩子到户外去数
星星，告诉他，只有在夜晚，才能看到天上的星星。给幼儿讲解简单
的关于星星的知识。背诵这首儿歌。

眼睛

耳朵

嘴

鼻子

手

脚

教学重点： 教孩子认识五官和肢体。成人可以和幼儿面对面，先指自身的五官与肢体，将名称告诉孩子，再让幼儿从身上分别找出五官和肢体，并说出名称。

全身

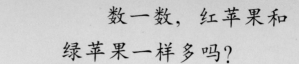

学计算

数一数，红苹果和绿苹果一样多吗？

教学重点：培养幼儿最基本的比较能力，初步认识数字。先让幼儿明白，一个红苹果和一个青苹果一样多，然后，再不断地改换教具，强化认识"一样多"。

22

岸上有一只小鸭，
河里有许多小鸭。

教学重点：培养幼儿最基本的比较能力。先让幼儿对"1"和"许多"有一个形象的认识。一只小鸭子在岸上，许多小鸭子在水里，让幼儿指出哪是"一个"，哪是"许多"。

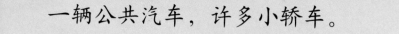

一辆公共汽车，许多小轿车。

教学重点：巩固幼儿对"1"和"许多"的认识。指出哪是"一个"，哪是"许多"。成人还可以用其它玩具、糖果等摆出"1"和"许多"，让幼儿反复辨认，直到概念清晰。

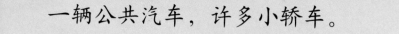

24

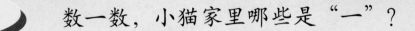

数一数，小猫家里哪些是"一"？

教学重点：巩固幼儿对"1"的认识。成人可以用手指点，带领幼儿认识。然后随意指出其中的一个，让幼儿说出。

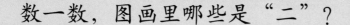

数一数，图画里哪些是"二"？

教学重点：告诉幼儿1个再添1个是两个，学会认识2。成人可以先拿出一个苹果，告诉幼儿这是一个苹果，然后再拿出一个与第一个放在一起，告诉幼儿，一个再加上一个是2。成人要反复多次，然后让幼儿回答，直到幼儿会辨认。

蚂蚁和青蛙一样多吗？数一数。

教学重点：巩固幼儿对 1 和 2 的认识。复习比较"一样多"。让幼儿手指着蚂蚁和青蛙边数边说，等数完后问幼儿有几只蚂蚁，几只青蛙，启发幼儿回答"两只"，然后再比较"两只"蚂蚁和"两只"青蛙一样多，一组问完再问一组，多次练习。

数一数，图画里有三架飞机，
三棵树，三只气球。

教学重点：教幼儿学习数数1-3。成人可以先用手按住一个，先让
幼儿看两个，等他数出2以后，再放开手，让幼儿知道，两个再加
上一个是3个，然后再选用玩具等做道具，反复练习。

岸上有两位小朋友，河里有三位小朋友。

教学重点：巩固幼儿对1、2、3的认识。让幼儿先数岸上有几位小朋友，再数河里有几位小朋友。数的时候要一边用手指一边口里说，成人要随时纠正幼儿指错或说错的地方，可反复练习。

抱皮球的小狗有两只，没抱皮球的小狗有三只。

教学重点：巩固幼儿对1、2、3的认识。成人可向幼儿提问："抱皮球的小狗有几只？""没抱皮球的小狗有几只？"让幼儿用手指点着数出来。

30

气球一样多吗？数一数。

教学重点：巩固幼儿对 1、2、3 的认识。让幼儿用手指点着数出来，
然后引导幼儿比较：三个红气球，三个黄气球，都是三个，一样多。
然后，再用其它的道具，摆出各三个，让幼儿反复数数，说出一样多。

每只小
兔能吃到一
个萝卜吗?

教学重点：巩固幼儿对 1、2、3 的认识。成人可以编一个简单的故事，让幼儿给小兔分萝卜，提问："有几只小白兔？"让幼儿指点着数出。再问："有几个萝卜？"再让幼儿指点着数出。最后提问："一只小兔能吃到一个萝卜吗？"让幼儿得出结论，说出小兔和萝卜一样多。

数一数，马路上哪种车是"一"，哪种车是"二"，哪种车是"三"？

教学重点：巩固幼儿对1、2、3的认识。区分1、2、3。成人可以提问："马路上有几辆公共汽车？几辆卡车？几辆小卧车？"让幼儿一一数出，然后再让幼儿分别说出。

小猫钓了一条鱼，又钓了一条鱼，
一共钓了两条鱼。

教学重点：让幼儿初步认识 1+1=2。成人可以用
手按住一条鱼，说："小猫去钓鱼，先钓了一条
鱼，"然后手放开，露出另一条，接着说："后来，
小猫又钓了一条鱼，一条，又一条，小猫一共钓
了两条鱼。"然后带着孩子一起说几遍。还可以用
其它的玩具重复教学。

两条鱼，又游来一条鱼，
一共是三条鱼。

教学重点：初步认识2+1=3。成人可以用手按住后游来的一条小鱼，先让幼儿点数前面是几条小鱼，然后把手放开，说："又游来一条。"让幼儿点数一共是几条小鱼。然后带孩子反复说几遍，还可以用其它道具反复教学。

一只蝴蝶，又飞来一只蝴蝶，
一共是几只蝴蝶？

教学重点：加强对 1+1=2 的认识。先就画面上的蝴蝶对孩子提问，让孩子点数着蝴蝶得出结论。然后，可变换多种道具，向幼儿提问，直到他能准确地回答。

两只小鸡，又来了一只小鸡，一共是几只小鸡？

教学重点：加强对 2+1=3 的认识。先就画面上的小鸡向幼儿提问，让幼儿点数着小鸡得出结论。然后可以变换道具向幼儿提问，直到幼儿能准确回答。

老牛大、松鼠小。

教学重点：教幼儿学会比较大和小。知道哪个大，哪个小。开始教幼儿比较大小时，所用实物大小比例，应悬殊一些，便于儿童初学时加深印象。用不同的实物反复比较，让幼儿对大和小，有分辨的能力。

猫妈妈大、小猫小。

教学重点：巩固大和小的比较。经过学习，幼儿对大小已经有了初步的概念，这时候，可逐步选用大小差别较小的实物，增加比较的难度。

大猴子在树上，
小猴子在树下。

教学重点：教幼儿分辨上和下，知道哪个在上，哪个在下。初学比较上下时，距离要悬殊一些，便于幼儿印象深刻，以后逐渐缩小距离，反复让幼儿练习，自己摆，自己说。

老鼠在前面跑，
小猫在后面追。

教学重点：教幼儿认识前后，知道哪个在前，哪个在后。成人可先用画面讲解，然后选用其它玩具当道具，先摆两个，待幼儿有了初步概念后，再摆3个，增加难度。

小猪找小猫，小猫藏在门后边。

教学重点：巩固学习前与后。这种比较难度加大，是不同类型事物的比较：小猫和门的比较，可以多举实例，比如，爸爸躲在树后等，让幼儿反复练习。

教学重点：教幼儿认识方形、圆形和三角形。最后是选用实物，让幼儿看看、摸摸，认识这三种形状，然后，多次变换物体，让幼儿分辨。

表是圆的，小旗子是三角形的，窗户是长方形的，积木是三角形的。

44

做早操

早早起，做早操，

伸伸腿，弯弯腰。

两手向上举，还要跳一跳。

教学重点：培养孩子早睡早起的好习惯，让孩子从小热爱体育运动。成人可以每天早晨带幼儿到户外，一边背诵这首儿歌，一边和幼儿一起伸腿、弯腰、举手、跳跳、锻炼身体。

做游戏

小朋友，拍拍手，
拉个圆圈走一走。

教学重点：使幼儿在读儿歌、背儿歌的同时，学做操，锻炼协调能力。

捞小鱼

一网不捞鱼，

二网不捞鱼，

三网捞个小尾巴尾巴……鱼！

教学重点：幼儿在分角色游戏，培养动作的灵敏性及按信号做动作。

皮球操

两手向上把球抛，
再拍皮球跳一跳。

教学重点： 幼儿在抛球和接球、拍球的过程中，锻炼协调能力。

图上的烟囱没冒烟，
小朋友你能添上吗？

哟，两只小鸡在抢虫子吃，可是虫子呢？

请帮助画上，好吗？

小狗在拉小车，可是
绳子呢？请帮助接上。

熊爸爸荡秋千却没有秋
千绳，请添上秋千绳。

小动物们坐无轨电车去春游，可是车不动了，请添上两根小辫子，好让它们去春游。

新 年 好

1=C 2/4

1 1 1 5· | 3 3 3 1 | 1 3 5 5 | 4 3 2 — | 2 3 4 4 |

新年好呀，新年好呀，祝贺大家　新年好！　　我们唱歌

3 2 3 1 | 1 3 2 5 | 7· 2 1 — ‖

我们跳舞，祝贺大家　新年好！

春 天

1=F 2/4

```
5      3 | 5 6 5 3 | 2 ——— | 1      2 | 3 2 1 2 | 3 ——— |
春      天 天气真正 好，         地      上 长出小青 草，

5      3 | 5 6 5 3 | 2 ——— | 3      5 | 2 1 2 3 | 1 ——— ‖
树      上 小鸟吱吱 叫，         花      儿 开得多么 好。
```

生 日 歌

1=C ³/₄

5̲ 5̲ 5̲ 6̲ 5 | 1 7 — — | 5̲ 5̲ 5̲ 6̲ 5 | 2 1 — — | 5̲ 5̲ 5̲ 5̲ 3 |

祝你生日 快乐，　　祝你生日 快乐，　　祝你生日

1 7̲ 6 | 4 4 3 1 | 2 1 — — ‖

快乐，　　祝你生日 快乐。

小 鸭 小 鸡

1=D 4/4

1 2 3 3 — | 2 3 5 5 | 1 2 3 0 3 0 3 0 |
小 鸭 小 鸡，   碰 在 一 起，   小鸭呷 呷 呷，

2 3 5 0 5 0 5 0 | 3 3 3 0 5 5 5 0 | 3 3 3 0 |
小鸡叽 叽 叽，   呷呷呷， 叽叽叽，   呷呷呷，

5 5 5 0 | 1 2 3 3 — | 2 3 5 1 — ‖
叽叽叽，   一同唱歌， 一同游戏。

XUE 雪　HUA 花

一片、两片、三片……一片片的白花花从天上飘下来。

60

花儿飘呀飘呀，不一会
儿，大树上，屋顶上，大地
上都盖上了一层白颜色。

　　小黄狗从屋里跑出来，快乐地跳着，叫着："汪汪汪，下糖啦，下糖啦！大家快来看呀！"

小花猫从屋里跑出来，摇着尾巴叫着："喵喵喵，下盐啦，下盐啦！大家快来看呀！"

小黄狗听了说："汪汪汪，不是盐，是白糖！"小花猫说："喵喵喵，不是糖，是咸盐！"

大公鸡听见了，说：
"别吵了，是糖？是盐？让我尝一尝。"

65

大公鸡用嘴啄了些白花花，尝了尝，睁圆了眼睛说："咯咯咯，不是盐，不是糖，不甜也不咸，吃在嘴里冰冰凉！"

这时候，一个小
男孩和一个小女孩从
屋里走出来。

他们高兴地对小黄狗，小花猫和大公鸡说："下雪啦！下雪啦！雪下得真大呀！我们大家快来堆雪人！"

教学重点：让幼儿听懂故事，能进行简单的复述。在这个基础上对幼儿提问。比如："雪花是什么形状的？它有没有味道？"让幼儿思考并试着叙述，加深幼儿对雪花的认识。

小兔乖乖

兔妈妈有三个孩子，一个叫红眼睛，
一个叫长耳朵，一个叫短尾巴。

一天，兔妈妈要去园子里拔萝卜。她对孩子们说："妈妈走了，你们在家，把门关紧，等妈妈回来才能开！"

住在山后的大灰狼，轻手轻脚地来到小兔家，想捉小兔，见门关着，就打起坏主意。

这时，兔妈妈回来，在门口唱："小兔乖乖，把门开开！快点开开，我要进来。"小兔打开门。

73

躲在大树后面的大灰狼，把兔妈妈的歌记在心里。

第二天，趁兔妈妈去很远的地方拔萝卜，大灰狼一边敲门一边捏着鼻子学兔妈妈唱歌："小兔乖乖，把门开开！快点开开，我要进来。"

红眼睛以为妈妈回来了，就要去开门。长耳朵拦住它说："不像妈妈的声音。"

短尾巴说："我去看看。"一看，不好，是大灰狼。

小兔子们一起说："你不是我们的妈妈，妈妈的声音不是这样的。"

大灰狼说："妈妈走累了，口也渴了，嗓子也哑了，快开开门，让妈妈喝口水。"

短尾巴说："我们把门打开一点，你先让我们看看尾巴再说。"

大灰狼听了就把尾巴从门缝里伸进来。

　　大家一看，是大灰狼的尾巴，就用力
把门关紧了。大灰狼疼得呜呜直叫。

正在这时，兔妈妈回来了，
大灰狼使劲一拉，尾巴拉断了，
光着屁股一溜烟地跑了。

兔妈妈见门关得紧紧的，唱道："小兔乖乖，把门开开，快点开开，我要进来！"小兔们听出妈妈的声音，忙把门打开。

兔妈妈听了事情的经过，高兴地说："乖孩子们，你们真聪明！你们真勇敢！请你们吃萝卜吧！"

教学重点：让幼儿听懂故事，并能简单复述。成人可向幼儿提问："兔妈妈有几个孩子？它们叫什么名字？""兔妈妈回家后，听了事情的经过，它说了什么？"等等。让幼儿懂得聪明、勇敢的孩子是好孩子。

85

互相帮助

一对鸭子，在河里快乐地游着。瞧，它们游得多么好！

一只小鸡在河边看见鸭子
游水，高兴极了。它也想跳到
水里去玩。

可是它一跳下去，就淹在水里爬不出来了。

这时候，公鸡和母鸡赶来了，
公鸡"喔喔喔"地大叫着。

鸭子在远处听见，赶快游过来，
把小鸡救起来了。

公鸡和母鸡谢谢鸭子。鸭子说：
"不用谢，我们应该互相帮助啊！"

有一天，母鸭生了一个蛋，可是它不会孵。

母鸡走过来说："我帮你孵。"母鸡天天替母鸭孵蛋。

不久，可爱的小黄鸭出生了，鸭子谢谢母鸡。母鸡说："不用谢，我们应该互相帮助啊！"

教学重点：让幼儿听懂故事，并能复述出来，可以向幼儿提问："鸭子是怎样帮助小鸡的？"，"母鸡帮了鸭子什么忙？"让幼儿记住："我们应该互相帮助。"